A Fabio, Andre y Alana, la razón de la poesía.
A todos los niños que quieren crecer alas.

M.L.

Library of Congress Control Number: 2017935857
Purple Corn Press, Oklahoma City, OKLAHOMA
Publicado por Purple Corn Press
Editado por Ligia López de Castilla
ISBN-10: 0998616109
ISBN-13: 978-0998616100
Poesía Alada ©2017 by Purple Corn Press-Todos los Derechos Reservados
Prohibida la reproducción total o parcial de este texto por cualquier medio, sea digital o mecánico (incluyendo escaneado o cargado digital) sin la autorización previa del dueño del copyright.
Para permisos envíe un correo electrónico a: contact@marianallanos.com
Texto Copyright © 2017 by Mariana Llanos
Arte de la Cubierta Copyright © 2017 by Mariana Llanos
Cubierta Copyright © 2017 by Mariana Llanos
El copyright de las ilustraciones pertenece a sus respectivos ilustradores.
Preguntas o contacto: contact@marianallanos.com
Visite WWW.MARIANALLANOS.COM o WWW.PURPLECORNPRESS.COM

poesía y arte para volar

POESÍA ALADA

Poemas de Mariana Llanos

Ilustraciones de:
Beatriz Mayorca
Julián Galván
Kimberly Nguyen
Mariana Llanos
Rocío Pérez del Solar
Uldarico Sarmiento
Ximena Suárez-Sousa

POESÍA ALADA

Poesía es cuento
y canción con alas.
Poesía es locura
que brota del alma.
Poesía es música
que ilumina al alba.
Poesía son letras
que forman baladas.
Poesía es el trinar
de aves en la mañana.
Poesía es el rayo
tierno del sol.
Poesía surge
revuelve y embala.
Poesía descansa
aprieta y arranca.
Poesía vive y respira,
despojada de toda razón.
Poesía se acurruca
en un rinconcito del corazón.

Ilustración: Beatríz Mayorca

GUITARRA

Ando, ando
con mi guitarra ando
por el mundo:
Cantando
Gozando
Bailando.

Canto, canto
con mi guitarra canto
canción de encanto.
Con ella
me divierto tanto
que me ataranto.

Gozo, gozo
con mi guitarra gozo.
Libre del calabozo,
ya sin temores,
una sonrisa esbozo
y de alegría sollozo.

Bailo, bailo
con mi guitarra bailo
como si la vida
pendiera de un hilo.
Con locura me vacilo,
el mundo gira, y yo bailo.

Ilustración: Ximena Suárez-Sousa

VERSOS EN LA PLAYA

Vienes y vas.
Me quieres, ya no.
Splish, splash.
Eres la ola del mar.

Caminas de lado
en seis patitas chuecas.
Cangrejo rosado,
¿estás bailando un tango?

Arena seca,
vuela.
Arena mojada,
prisionera.

Esta estrella ha venido
del cielo derechito
a darse un chapuzón
en el mar azulito.

Un balde. Una pala.
Un castillo. Un dragón.
Marea. Agua. Espuma.
Nada quedó.

Ilustración: Uldarico Sarmiento

Ilustración: Julián Galván

VIENTO FEROZ

El viento sopla
en una noche
de tímida luna.
    Silba
        Zumba
            Ruge
Vibran las ventanas.
y yo me refugio
debajo de mis sábanas.
    Se calla
        Se aleja
            Se apacigua.
Luego toma impulso
y regresa con ganas.
¡Viento veloz!
    Sopla
        Gruñe
            Jadea
Su furia es atroz.
Retumba el techo,
cruje la casa.
    Corcoveo
        Tiemblo
            Tirito
Ahora sé lo que sintieron
los tres cerditos
con el lobo feroz.

CABELLO SUELTO

Cabello largo,
suelto al viento
de aventuras
viene y va.
Como el trigo en el maizal,
como las ondas
ruidosas del mar.
Como el remolino
travieso va.
Huyendo sin peso
va.
Osado y soberano
va.
Cabello suelto
juega a ser libre,
va
hasta donde pueda llegar.

Ilustración: Mariana Llanos

SUEÑO ESPACIAL

Si pudiera viajar al espacio,
jugaría fútbol con la Luna
y anotaría un gol al Sol.
Si pudiera viajar al espacio
uniría las estrellas como puntitos
con un lapicero juguetón.
Si pudiera viajar al espacio
jugaría al hula-hula
con los anillos de Saturno.
Si pudiera viajar al espacio
convertiría la Vía Láctea
en un milkshake de fresas.
Sí pudiera viajar al espacio
asomaría la cabeza
por un agujero negro.
Si pudiera viajar al espacio
le pediría a Pluto
que me alcanzara las pantuflas.
Si pudiera viajar al espacio
saltaría entre la Tierra y Venus
y bailaríamos conga alrededor del Sol.
¡Ah, si pudiera viajar al espacio!
Quizá algún día, ¿por qué no?

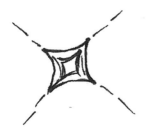

Ilustración: Beatriz Mayorca

SOL Y LUNA

Una tímida Luna llena
se asoma por la mañana,
de plata abochornada
a buscar a su amado Sol.

Así lo encuentra bailando
un bolero en las montañas
abrazando con sus rayos
la Tierra, el mar y sus olas.

Cansado de tanta fiesta
vuelve el Sol a su morada,
sin sospechar que su Luna
se fue también de parranda.

Ilustración: Mariana Llanos

Ilustración: Rocío Pérez del Solar

ÁNGEL
(A SANDRA STEVENS)

Tu sonrisa está incrustada en las estrellas:
una constelación perlada.

Tu sonrisa se ha mezclado con el agua salada:
un mar de cascabeles y campanas.

Tu sonrisa se camufla entre mariposas:
alboroto de alas revoltosas.

Tu sonrisa se dibuja en las nubes del crepúsculo:
alegría de ángeles con alas.

Niña encantada, descansa tranquila,
la sonrisa en tus labios nos calienta e ilumina.

OTOÑO

En otoño se viene
una fiesta bulliciosa:
El viento silba,
las hojas bailan,
los pájaros cantan,
y los árboles se menean.
¡Qué buena jarana!

VERANO

Danza, danza
la luz sobre el agua
en la piscina
color del cielo.
Pelota roja de playa,
alegre rebota
al ritmo de risas acaloradas
y contagiosas.

PRIMAVERA

Retoños asoman
en las plantas dormilonas.
Tibios colores
visten las lomas.
Pies descalzos corren
jugando al escondite
entre arbustos que huelen
a lluvia.
Aves azules brincotean,
el buche lleno de gozo.
Se llena la tierra de vida.
Se llena la vida de primavera.

INVIERNO

Los cardenales rojos
trinan y cortejan
en una rama pelada
de mi jardín opaco de invierno.
Exuden alborozo,
canción y color de fuego
al gris paisaje
de mi jardín agotado de invierno.

Ilustración: Beatriz Mayorca

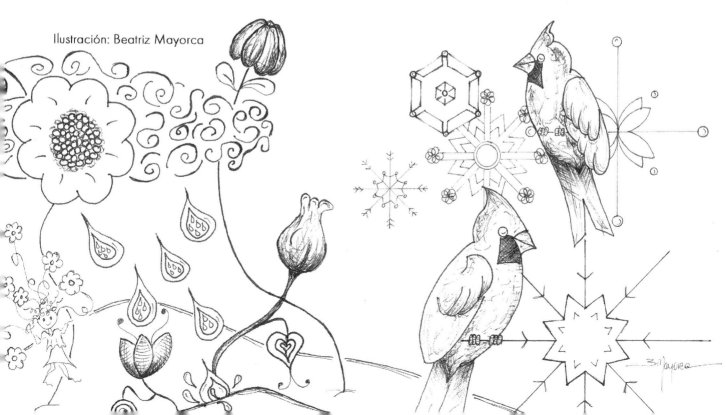

GATITO

La luna es un queso con huecos.
Vino un gatito y se la comió.

El sol es un ovillo de hilos dorados.
Vino un gatito y lo desmadejó.

Las estrellas son cascabeles bailarines.
Vino un gatito y las atrapó.

Ilustración: Mariana Llanos

Ilustración: Rocío Pérez del Solar

HELADO DE CINCO BOLAS

Un helado.
De fresa, por favor.
Una bola. No, espere.
Mejor que sean dos.
Chocolate y fresa
van de lo mejor.
Pero qué tal si son tres,
fresa, chocolate y fresa.
Un momento.
¿Acaso tiene vainilla?
Chocolate, fresa, vainilla.
¡Mmm, eso sí que sabe bien!
¿Y ese que luce tan sabroso,
es acaso de durazno?
¡Entonces que sean cuatro!
Aunque ese cremosito de más allá...
Oh, ¡maní con dulce de leche!
Que sean cinco bolas mejor.
¡Con este calor me lo como
todito de un solo tirón!

MADRE DE LAS FLORES

Eres
Eterna. Etérea. Infinita.
Madre de las flores:
raíz
pétalo
verdor
semilla y polen.
Savia. Néctar. Pistilo.
Flor.
Madre de la Tierra.
Eterna. Etérea. Infinita.
Eres.

Ilustración: Kimberly Nguyen

¡TRAC
TRIC
TRAC!

¡CHAS
CHIS
CHAS!

Ilustración: Mariana Llanos

LA DUQUESITA

La duquesita camina por el pueblo
con su vestido de terciopelo,
y su sombrilla tejida con hilos de Chambray.
Un gran lazo dorado le adorna la cintura,
y dos rubís preciosos decoran sus orejas.
Pero un traqueteo trac, tric, trac
y un chasquido chas, chis, chas
descubren sus zapaticos polvorientos y rotos.
Los granjeros voltean la cabeza
a mirarla con total asombro.
Qué elegante va vestida la duquesita
de tobillos a cabeza,
mientras que sus zapatos revelan
sus deditos rechonchos.
¿Dónde estuvo, Duquesita?
¿Acaso otra vez se fue de aventura?
La sonrisa en sus labios rosa
delatan más de una travesura.

EL ÁRBOL AMARILLO

Árbol amarillo,
apuntas al cielo
como si quisieras crecer
hasta alcanzarlo.

Árbol amarillo,
tus hojas silban
como si compitieras
con la canción del viento.

Árbol amarillo,
tus raíces se extienden
como si quisieras abrazar la Tierra
para amarla.

Ilustración: Mariana Llanos

CHACLACAYO

En la ciudad las casas no tienen alma,
no tienen nombre,
no tienen vida, nada de nada.
En la ciudad los jardines
son verdes sin ganas.
Las ventanas no te miran
y las puertas no hablan.
Allí las casas son solo cemento
cubierto de tierra, de indiferencia,
de nada.

Pero allá, en donde yo crecí,
las casas narran historias
de duendes y hadas;
los jardines cuentan travesuras
de niños que allí jugaban.
Los árboles te regalan colores
y las rosas huelen a magia.

En la ciudad la Luna se oculta.
Harta está de cubrirse de galas,
de vestir estrellas en capa plateada
y que la gente esté demasiado apurada
como para detenerse a observarla.
Donde yo vivo en cambio,
la Luna conoce
los sueños del pueblo,
y los muchachos la buscan
para halagarla.

Las calles de la ciudad
son de asfalto y barro.
La lluvia molesta;
el Sol es solo un foco
de encendido automático.
Pero en mi pueblo querido,
Chaclacayo del alma,
las calles son caminos
que siempre llevan a casa.
El sol calienta la vida,
mientras el rio y los cerros cantan.
En mi casa todo es verde
de amor y de ganas.
Allá en mi pueblo,
te hablan las casas.

Ilustración: Mariana Llanos

Ilustración: Rocío Pérez del Solar

EL NIÑO ENAMORADO

El teléfono sonó.
Sonó.
El niño dio un salto.
Corrió.
¡Cómo corrió!
Para ver si era la niña
¡ah, la niña!
La de boca morena
y piel de canela.
Pero de tanto saltar
un tumbo y una vuelta
se dio.
      ¡Pon
           pon
                pon!
Y el teléfono
voló por el balcón.
¡ah, su corazón!

SOMOS LO QUE SOMOS

Somos lo que somos,
y eso es suficiente.
Somos bajos o altos,
reilones o seriecitos.

Algunos cantamos con gracia,
otros dibujamos mejor.
Y algunos otros hacemos
un poquito de los dos.

Unos somos rellenitos,
otros parecemos palitos.
Nuestra apariencia es diversa,
la cabeza con rulitos,
pelo liso; negro o rubio,
castaño, blanco, rojizo.

A unos nos gusta el maní,
a otros nos cae muy mal.
Muchos amamos el mar,
otros, la montaña escalar
y hay a quienes nos encanta
¡Hasta un paisaje lunar!

Algunos nacimos zurdos
y otros llevamos lentes.
Si usamos silla de ruedas
podemos jugar sobre ella,
mientras otros caminamos
sobre nuestras propias piernas.

A algunos nos hace falta
un audífono para oír bien.
Algunos tenemos asma,
o enfermedades diversas,
otros casi nunca enferman,
¡y no pierden ni un día de escuela!

En este mundo redondo,
todos somos lo que somos.
Ninguno es mejor que el otro.
Ni tú ni yo, ni yo ni tú.
Lo que de verdad cuenta
es lo que llevamos dentro
en el corazón y en la cabeza.

Ilustración: Beatriz Mayorca

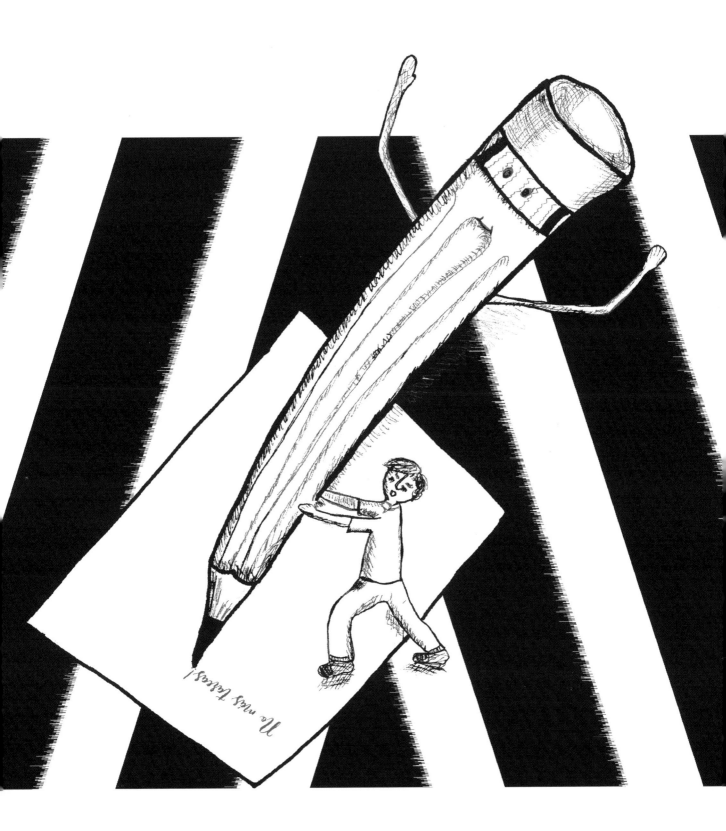

MI LÁPIZ Y YO

De tanto escribir corrido
mi lápiz se me escapó.
Corrí tras él un buen rato,
y luego me cansé yo.
Por eso descansamos ahora
jugando en la computadora.
No somos flojos ni vagos,
solo estamos agotados.
Tan pronto mi lápiz regrese
iré a terminar la tarea.
Ojalá no le se antoje primero
irse a dormir la siesta.

Ilustración: Mariana Llanos

MAR Y HOJAS

Un mar crujiente de hojas
cubre mi jardín.
En ellas me zambullo,
como pez en el manglar.
Juego a nadar en la corriente,
a encontrar un arrecife de coral,
a ser sirenita de altamar y a surfear una ola voraz.
Luego navego, valiente, en velero
por una cruda tempestad
hasta llegar a puerto seguro
lejos de las hojas crujientes del mar.

Ilustración: Rocío Pérez del Solar

MI ZOOLÓGICO

Hay un zoológico en mi habitación.
Si no me crees, presta atención:
Tengo un elefante elegante.
Tengo un recio gorila con mochila.
Tengo jirafas con gafas.
Tengo un cocodrilo con estilo.
Tengo una cebra
casada con culebra.
Tengo un pingüino beduino.
Tengo un rinoceronte
que viajó de polizonte.
Tengo un avestruz andaluz.
Tengo un oso polar
que sabe cantar.
Tengo un tucán haragán.
Tengo guanacos con tacos.
Tengo un quetzal
que come tamal.
Tengo un león que viste pantalón.
Tengo un puercoespín bailarín
y tengo un delfín que toca violín.

¡Es un zoológico espectacular
que nunca podrás olvidar!

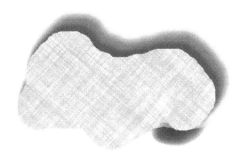

MI ÁRBOL EXTRAORDINARIO
(adaptación y traducción de un poema de Andre Chirinos)

El árbol de mi jardín trasero
                 puede saltar.
¡Es extraordinario!
La gente dice que es espantoso
pero a mí me parece hermoso.
El árbol de mi jardín trasero
                 canta una canción.
¡Es muy talentoso!
Y le puse de nombre Alonso.
El árbol de mi jardín trasero
                 puede saltar
                 y
                 puede cantar.
¡Es espectacular!

Ilustración: Mariana Llanos

NUBES
(Adaptación y traducción de un poema de Andre Chirinos)

Las nubes son suaves almohadas
o delicioso algodón de azúcar blanco.
Y mientras se desplazan en el cielo
me pregunto...
¿Qué se sentirá ser nube?

Ilustración: Kimberly Nguyen

EVOLUCIÓN

En el lugar más profundo del planeta,
inhóspito como cráter de volcán,
se originó la vida en la Tierra
millones de años atrás.
Fuimos bichos del mar profundo,
bacterias, microbios
alimentados de metanotiol
flotando donde la luz de un joven Sol
no nos alcanzó.
Y al transcurrir los milenios
cambiamos molécula por molécula.
La química y sus reacciones
empujaron con paciencia
el carro de la evolución.
Ecosistemas formamos,
salimos luego del mar,
el universo paciente testigo
de nuestra gradual transformación.
Hoy nos llamamos humanos
dueños de la tierra y del mar
pero, ¿quién nos hizo dueños
si venimos todos del mismo lugar?
Y así cuando preguntan de qué raza soy
respondo que soy humana
pero aún conservo un poco de pez.
Y cuando preguntan de dónde soy,
respondo que soy de los recónditos
respiraderos del místico mar azul.
Y ahora ya sabes que tú también.

LOS NIÑOS QUE LEEN

Los niños que leen vuelan y surcan los cielos,
con mentes iluminadas y ojos resplandecientes,
los cuerpos ligeros, la ilusión en la mente
y una sonrisa en la cara.
Y es que a los niños que leen les crecen alas.

Los niños que leen se van de aventura
sin dejar su hogar ni su cama.
Se vuelven piratas, magos,
pilotos interespaciales, niños gitanos.
Y es que a los niños que leen alas les crecen.

A los niños que leen se les abren puertas
de países lejanos y castillos sin amo.
Atraviesan portones y rompen murallas
todo con el pasar de una página.
Y es que a los niños que leen alas les crecen.

Los niños que leen poseen el mundo,
gira en sus manos como una bola mágica.
Se vuelven dueños de millones de palabras
que brillan como tesoros dentro de su alma.
Y es que a los niños que leen alas les crecen.

Los niños que leen saben que la magia existe,
y que cosquillea las yemas de sus dedos.
Los niños que leen tienen miles de amigos,
personajes entrañables, hermanos queridos.
Y es que a los niños que leen alas les crecen.

Los niños que leen vuelan y sueñan,
cantan y crean, imaginan y viven,
conocen y hablan, cuentan y escriben,
batallan y ganan, se elevan y conquistan el mundo.
Y es que a los niños que leen les crecen alas.

Ilustración: Uldarico Sarmiento

UNA PALABRA DE LA AUTORA

¡A quien no le encanta la poesía! Y es que la poesía fascina con su ritmo, lenguaje musical y su capacidad de calar el corazón. A mí me cautivó la poesía desde que era niña. A veces ni sabía por qué razón cierto poema me llegaba al alma. Y me gustaba tanto la poesía que decidí escribir la mía.

Al comienzo escribía poemas sencillos; unas cuantas líneas para celebrar héroes nacionales o demostrar el cariño a mis padres. Ya a esa edad leía mucha poesía, normalmente libros que mi mamá tenía en casa. Así llegaron a mis manos poemas de Neruda, Vallejo, Benedetti, Shakespeare, entre otros grandes, cuando aún no cumplía ni los diez años. Sus temáticas universales me influenciaron grandemente. Los temas de mis poemas de niña eran el amor apasionado, el enigma de la muerte o los celos encendidos.

Estos temas cambiaron con los años, pero las palabras de los grandes maestros de la poesía, y sobre todo la inquietud por el lenguaje poético, quedaron grabados en mí.

Muchas personas jóvenes me preguntan cómo sé qué tema escribir, o de dónde vienen las ideas. Para mí, las ideas están siempre a nuestro alrededor. Solo basta agudizar los sentidos: observar en vez de mirar, sentir en vez de tocar, entender en vez de oír, saborear en vez de probar, evocar en vez de oler.

Estoy sumamente orgullosa de los artistas que acompañan este proyecto, y que hacen de *Poesía Alada* un libro de poesía espectacularmente visual. El propósito del arte es extender una invitación a soñar a través de palabras e imágenes entrelazadas en nuestra mente, que sirvan de alas para volar más alto.

También estoy henchida de orgullo porque este es mi primer libro escrito originalmente en español. *¿Qué tiene de especial,* pensarán algunos, *si el español es tu lengua madre?* Es cierto, el español o como me gusta llamarlo con más precisión, el castellano, es mi lengua madre.

Pero he aquí un secreto: No había podido escribir en mi idioma por más de una década.

Todo empezó cuando por motivos familiares tuve que huir de mi propia casa, en donde se quedaron mis posesiones más preciadas: recuerdos de infancia, mis libros amados, los escritos que atesoraba desde niña: cuentos, poemas, obras de teatro... Y todo se lo robaron, o lo botaron o lo desaparecieron. Nunca lo sabré. En ese momento, no me imaginé el impacto que esta pérdida había causado en mí, hasta que en algún momento me encontré frente a la hoja en blanco y el pánico de haber perdido las palabras.

Luego de mudarme a los Estados Unidos y empezar de cero una vida nueva, consumida por la necesidad de salir adelante, así sin más se me "olvidó" que yo escribía. Y al mismo tiempo que los estreses de la vida apagaban el fuego de mi pasión hacia la literatura y las artes, una parte de mí trataba de despertar y mantenerse a flote. Después de tener a mi segundo hijo viví un momento existencial. Me pregunté una tarde, ¿quién soy? ¿Quién quiero ser? Y es ahí que se me ocurrió que yo quería ser una inspiración para mis hijos, y que quería seguir siendo la que había sido antes.

Pero lo extraño es que las historias y cuentos no vinieron en mi idioma, sino en inglés. Yo abracé y saboreé esta lengua extranjera como si fuera mía, con mucho esfuerzo y aprendiendo a escribirla mejor a cada momento. Pero hace unos pocos años, el español empezó a desperezarse. Hace unos meses, escuché una frasecilla murmurar tímidamente en mi cerebro:

"Poesía es cuento y canción con alas..."

Inmediatamente la capturé en papel y no la solté.

Este libro vino como un diluvio, día tras día, noche tras noche, escribiendo y pensando en poesía.

Lo pensé para los niños que necesitan leer más español, para los grandes que aman el español, y para todos los que quieran volar con arte y poesía.

He aprendido muchas cosas en mi aún joven carrera de escritora. He aprendido que nunca se acaba de aprender, y que el aprendizaje no es lineal. Lo que uno aprende va para adelante, para atrás, da curva y vuelve a regresar. ¡Y cómo cuesta tomar impulso en las pendientes! Y cuando crees que has aprendido, tienes que volver a empezar.

Y quizá lo más importante que he aprendido es que los sueños no se sueñan dormido. Los sueños se viven despierto, correteándolos como si fueran mariposas, acariciándolos como si fueran criaturitas tiernas, dando un paso cada día para estar más cerca. Si tienes un sueño, ¡vamos! ¿Qué esperas para vivirlo? Vayamos juntos y atrapémoslo leyendo poesía.

Mariana Llanos
Oklahoma 2017

LOS ILUSTRADORES

Beatriz Mayorca es artista plástica, diseñadora de interiores y comunicadora social nacida en Venezuela y residenciada en USA. Con un estilo moderno y contemporáneo sus obras abarcan las ramas de la escultura, pintura y diseño de funcionales piezas artísticas como muebles y accesorios para el hogar. Su trabajo ha sido exhibido en diversas galerías, museos y espacios públicos en el estado de Oklahoma y fuera de él. Beatriz ha recibido diversos premios en reconocimiento a su ejercicio artístico. Para mayor información visite: bmayorca.com

Ximena Suárez-Sousa es educadora de profesión. Trabajó con niños con habilidades diferentes en el Perú y actualmente desempeña el cargo de profesora asociada en la facultad de educación de la Universidad Estatal de Minnesota en Moorhead. Ximena ha dibujado desde siempre, siendo las acuarelas y tinta sus materiales preferidos. Si deseas comunicarte con Ximena, escríbele a xsua_sou@hotmail.com.

Kimberly Nguyen es una artista vietnamita-estadounidense que vive en Kansas donde estudia arteterapia. Ella cree que el arte es una herramienta potente para capturar las narrativas de diferentes culturas. Puedes ver más de sus ilustraciones en kimberlythanhnguyen.com

Mariana Llanos es escritora y autora de varios libros de cuentos para niños, nacida en Lima, Perú. En Oklahoma, donde reside, trabajó varios años como profesora de arte y música para niños de edad pre-escolar. Mariana escribe desde niña, pero esta es la primera vez que incursiona en la ilustración. Para saber más visita marianallanos.com

Rocío Pérez del Solar es una artista plástica peruana, especializada en arte reciclado, técnica mixta, murales, ilustración, body painting y diseño de interiores. También se desempeña como artista escenográfico. En el 2016 recibió el premio Outstanding Fine Arts Artist de la Asociación Hispana de Artes de Oklahoma. Visítala en Facebook para ver más de su trabajo: Art by Rocio Perez del Solar

Uldarico Sarmiento es diseñador escenográfico para teatro y cine nacido en Lima, Perú. Actualmente reside en Oklahoma, donde enseña en la Universidad de Oklahoma. Sus diseños pueden ser vistos en las películas "August: Osage County" y "The Life and Death of John Gotti" entre otras, al igual que en escenarios de Oklahoma, Missouri y Texas. Para mayor información visita: uldaricodesign.com

Julián Galván es un ilustrador e historietista argentino. Ha publicado diversas ilustraciones en libros para niños y jóvenes, en USA, España y Argentina. Su versatilidad también lo ha llevado a incursionar en trabajos en revistas y en diseños de remeras. Su entusiasmo por el estudio de la naturaleza lo ha llevado a realizar numerosos viajes que inspiran sus expresivos dibujos. Si quieres saber más, visita su web: juliangalvan.com.ar

Visita www.marianallanos.com

¿Eres un niño o niña al que le gusta ilustrar y escribir poesía?

¡Envíanos tus poemas e ilustraciones! Pronto seleccionaremos poemas e ilustraciones de niños para publicar en nuestra página web. Visita www.purplecornpress.com para mayor información. Y ATENTOS, pronto abriremos una llamada a contribuidores para nuestro próximo libro.

¿Te gustó este libro?

Déjanos una reseña en Amazon.com y así ayudarás a que más personas lo descubran. Simplemente visita Amazon.com y escribe "Poesia Alada" en el buscador. Luego haz click en "Write a Review". ¡Listo! Escribe tu reseña.

Recomienda Poesía Alada a tus familiares y amigos, en persona y en tus redes sociales. Ellos (y la autora) te lo agradecerán.

¿Buscas más libros en español?

Visita www.marianallanos.com donde podrás ver TODOS los libros de Mariana Llanos en español y en inglés. Todos los títulos se encuentran disponibles en Amazon.com en diferentes formatos.